Schnurrtopia

Alles für die Katz

Teil 2 – Die Katze zieht ein

Vorbereitungen zum Einzug des neuen Familienmitglieds

Schnurrtopia Teil 2 – Die Katze zieht ein
Vorbereitungen zum Einzug des neuen Familienmitglieds
© Daniela Müller, 2020

Erscheinungsjahr: 2021

Fotos, wenn nicht anders ausgewiesen: Daniela Müller
Lektorat: Frank Brandenburger, Evi Zimmermann

Bibliografische Information der Deutschen Nationalbibliothek: Die Deutsche Nationalbibliothek verzeichnet diese Publikation in der Deutschen Nationalbibliografie; detaillierte bibliografische Daten sind im Internet über dnb.dnb.de abrufbar.

Autor: Daniela Müller
www.schnurrtopia.de

Herstellung und Verlag:
BoD – Books on Demand, Norderstedt
ISBN 978-3-752-898491

Für die Druckqualität des Buches und des Covers ist der Verlag verantwortlich.

Schnurrtopia

Alles für die Katz

Teil 2 – Die Katze zieht ein

Vorbereitungen zum Einzug des neuen Familienmitglieds

Inhalt

Über Schnurrtopia

In meinem Ratgeber-Projekt „Schnurrtopia – Alles für die Katz", bestehend aus mehreren Teilen, gebe ich Ihnen alle wichtigen Infos rund um die Katzenhaltung übersichtlich zur Hand. So können sich Ihre künftigen Mitbewohner rundum wohl bei Ihnen fühlen. Bereits beim Einzug des schnurrenden Fellbündels sollten Sie einige wichtige Punkte beachten, um die Weichen für eine harmonische Zukunft zu stellen. Aus diesem Grund ist nach dem wichtigen Thema *„Sinnvolle Überlegungen vor der Anschaffung einer Katze" (Schnurrtopia – Teil 1)* der geplante Einzug der Katze in ihr neues Zuhause das nächste Thema der Schnurrtopia-Reihe.

Ich stelle Ihnen in jedem Schnurrtopia Teil spezifische Themen vor. So können Sie wählen, welche Themen für Sie besonders interessant sind und welches meiner Angebote Sie nutzen möchten.

Enthalten sind die nötigsten und wichtigsten Informationen sowie Denkanstöße, kompakt und übersichtlich, so dass Sie nicht zwingend dicke Wälzer lesen müssen, um sich einen Überblick über Ihr gewünschtes Thema zu verschaffen.

Sie möchten lieber alles zusammen? Auch kein Problem: Eine Sammlung aller Teile zu einem umfangreichen Werk ist zum aktuellen Stand geplant. So wird am Ende für jeden Leser etwas dabei sein.

Manche Themen der einzelnen Bücher können sich ergänzen oder minimal überschneiden. Dies ist erforderlich, sollten manche Leser sich nur für einen bestimmten Teil der Reihe entscheiden.

Meine Erfahrungen und mein Wissen sammelte ich sowohl durch eigene Tierhaltung, meinen Beruf als professionelle Katzensitterin sowie meine Ausbildung zur zertifizierten Katzenpsychologin. Zusätzlich bietet mir die Absolvierung vieler Fortbildungen und Beratung von Kunden ebenfalls einen großen Erfahrungsschatz und Fachwissen im Umgang mit den Samtpfoten.

Sie werden immer wieder mit einer Katze markierte Hinweise finden, die ich für besonders wertvoll erachte. Diese werden wie folgt gekennzeichnet:

Hinweis: In meinen Schnurrtopia Büchern werde ich der Einfachheit halber von „der Katze/Ihrer Katze" sprechen. Dies kann sowohl eine weibliche Katze, als auch ein Kater – aber auch mehrere Katzen und/oder mehrere Kater sein.

Einleitung

Sie haben entschieden, eine Katze bei sich aufzunehmen und möglicherweise das neue Familienmitglied bereits gefunden? Das ist super. Ihr Leben wird nun umgekrempelt und auf den Kopf gestellt und gleichzeitig um viele Glücksmomente bereichert. Sicher haben Sie sich diesen Schritt gut überlegt, haben bereits meinen ersten Ratgeber: *„Schnurrtopia - Teil 1 Katzenwunsch"* gelesen und möchten nun wissen, wie es weitergeht? Packen wir es an.

Nachfolgend erhalten Sie die meiner Meinung nach wichtigsten Anregungen, um den Einzug der Samtpfote, Ihres neuen Familienmitgliedes, vorzubereiten. An was Sie alles denken sollten, was ein Katzenfreund bei fehlender Erfahrung in der Katzenhaltung nicht unbedingt „auf dem Schirm" hat oder was in der Aufregung durch die Vorfreude unbewusst und ungewollt untergehen könnte.

Beachten Sie bei allem: Ausnahmen bestätigen die Regel. Was für die meisten Fellnasen gilt, muss nicht ausnahmslos für jede einzelne gelten. Jedes Tier ist ein Individuum. Doch beginnen wir mit den Vorbereitungen, um die Ankunft der Katze im neuen Zuhause so angenehm wie möglich zu gestalten.

> **❮Hinweis**: *Ich spreche meistens von der Katze oder einer Katze. Die Hinweise gelten natürlich auch, sollten mehrere Katzen einziehen. Gibt es gravierende Unterschiede, erwähne ich dies. Bei den genannten Hinweisen gehe ich davon aus, dass keine anderen Katzen oder Hunde in dem Haushalt leben, da sonst eine Zusammenführung erforderlich ist. Dieses Thema ist jedoch sehr umfangreich, so dass es den Rahmen dieses Ratgebers sprengen würde.*

Wollen wir nun den Einzug der Samttatze bestmöglich gestalten. Ich wünsche Ihnen viel Freude mit:

Schnurrtopia. Alles für die Katz
Teil 2 – Die Katze zieht ein 🐈

Vorbereitungen zum Einzug des neuen
Familienmitgliedes.

1. Von der Katze finden lassen

Im ersten Teil meiner Schnurrtopia Reihe hatte ich Ihnen bereits Hilfestellung gegeben, wo Sie Ihre Katze finden können, auf was Sie achten sollten und welche Kosten auf Sie zukommen können - sowohl in Bezug auf die Anschaffung der Utensilien, als auch den Unterhalt der Samtpfote. Wenn Sie dieses Buch lesen, haben Sie womöglich schon „Ihre" Fellnase gefunden. Meist ist es Liebe auf den ersten Blick. Sollten Sie Ihren Minitiger noch nicht gefunden haben, wird er den Weg zu Ihnen finden. Das bedeutet nicht, dass Sie nicht suchen dürfen.

Wenn Sie auf der Suche nach Ihrem neuen Familienmitglied Tierheime, Züchter oder private Haushalte besuchen, lernen Sie die Tiere kennen. Nehmen Sie sich Zeit für Ihre Entscheidung und treffen Sie diese möglichst nicht übereilt. Katzen, die Sie auf den ersten Blick optisch ansprechen, müssen nicht automatisch zu Ihnen und/oder Ihren Lebensumständen passen. Jedes Lebewesen hat seinen Charakter und ist es wert, dass Sie diesen kennenlernen. Bestenfalls lebt dieser Stubentiger den Rest seines samtpfotigen Lebens bei Ihnen und da soll es doch passen, oder? Ganz besonders lege ich Ihnen die sorgsame Auswahl ans Herz, wenn Sie noch keine Erfahrung in der Katzenhaltung haben.

Auf die Schnelle ein katziges Notfell aufzunehmen kann ein Wink des Schicksals sein und zu einem Happy End führen, gleichzeitig mit einigen Hürden und eventuellen Schwierigkeiten bestickt sein, die eher von erfahrenen Katzenhaltern gemeistert werden können. Schlimmstenfalls leiden alle darunter, Sie, besonders jedoch das Fellknäuel, wenn es wieder ausziehen muss weil das Zusammenleben nicht funktioniert.

Das dies für die betroffenen Katze(n) Folgen haben kann, muss ich, denke ich, nicht erwähnen. Denn wer sagt, dass das nächste Zuhause das Heim auf Lebenszeit wird? Schlimmstenfalls muss das Fellnäslein einige Umzüge mitmachen, was jedes Mal mit Stress verbunden ist.

2. Vermieter informieren

Entgegen der gesetzlichen Informationspflicht über den Einzug einer Katze empfehle ich, natürlich immer abhängig von Ihren persönlichen Umständen, Ihren Vermieter sowie im Falle eines geplanten Freiganges Ihres Hauslöwen auch die Nachbarn zu informieren, dass nun eine Katze bei Ihnen einziehen wird. Weshalb, habe ich Ihnen bereits im 1. Schnurrtopia Teil näher erläutert.

Übrigens: Sollten Sie Ihrer Samtpfote gesicherten Freigang auf dem Balkon anbieten wollen und für diesen Zweck geplant haben, ein Katzennetz anzubringen, sollten Sie dies ebenfalls im Vorfeld klären. Auch bei Wohneigentum in einem Mehrfamilienhaus besteht die Möglichkeit, dass dies vorab geklärt werden muss. Sprechen Sie dazu Ihre Hausverwaltung an.

3. Zubehör besorgen

Es ist selbstverständlich ratsam, die benötigten Utensilien für die Mieze bereits vor deren Einzug zur Verfügung zu haben. Der im vorherigen Punkt genannte Notfall kann dies natürlich zu verhindern wissen, doch sollten Sie in so einem Fall nicht zu lange damit warten, im Nachhinein das entsprechende Equipment zu besorgen.

Zu Beginn bei Einzug der Mieze benötigen Sie die Grundausstattung und einige Katzenmöbel. Nach und nach Ergänzungen anzubringen und somit der Fellnase immer wieder etwas dazu zugeben, schließt das natürlich nicht aus. Mehr geht immer und zu viele Ressourcen gibt es in einem Katzenhaushalt nicht 😊. Was alles in einen Katzenhaushalt gehört und was die Produkte kosten können, habe ich in Teil 1 der Schnurrtopia Reihe bereits aufgezählt. Nun legen wir den Fokus auf die Utensilien, die Sie anfangs unbedingt haben sollten:

- Eine Katzentransportbox…
bringt das neue Familienmitglied sicher nach Hause. Ohne eine solche Box wird es schwer, sollten Sie die Katze nicht gebracht bekommen, was beispielsweise manche Tierheime machen. Doch auch in so einem Fall sollten Sie eine Box haben, denn es könnte sich – und das hoffen wir nicht – ein Notfall ereignen, der

Sie zwingt, sehr spontan einen Tierarzt oder die Tierklinik aufzusuchen.

Die Transportbox sollte nicht zu klein, aber auch nicht zu groß sein. Ist sie zu groß, könnte die Katze unterwegs unnötig hin und her geschleudert werden und keinen Halt finden. Hier kann übrigens eine rutschfeste Unterlage wie beispielsweise ein kleiner, weicher Badvorleger helfen. Ist die Box zu klein, so dass der Minitiger sich rein gar nicht bewegen kann, könnte er in Panik verfallen. Zudem wäre eine Transportmöglichkeit mit mehreren Sicht- und Öffnungsmöglichkeiten zu empfehlen.

- Katzen-Toiletten sowie Streu...
gehören ebenfalls zur Grundausstattung. Achten Sie darauf, dass die Toiletten so groß wie möglich sind und das Streu bestenfalls feinkörnig, weich und ohne künstliche Düfte. Auf das recht umfangreiche Thema Katzentoiletten gehen wir später näher ein.

- Kletter- sowie Kratzmöglichkeiten...
können wie bereits angekündigt nach und nach erweitert werden. Dennoch sollte der Samtpfote bereits bei Einzug von allen Ressourcen etwas zur Verfügung stehen.

- Rückzugsmöglichkeiten...
in Form einer Höhle, eines Kartons oder ein Versteck in der Höhe ist ebenfalls ein Muss. Besonders am Anfang, wenn für die Miezen alles noch fremd und

neu ist, benötigen unsere Miniaturtiger einen Platz, an den sie sich ungestört zurückziehen können. Besonders wenn Kinder im Haus sind sollte darauf geachtet werden, dass diese Möglichkeit uneingeschränkt zur Verfügung steht.

- Liegeflächen...
wie beispielsweise Körbchen oder Decken, bevorzugt an einem warmen Platz in Heizungsnähe oder an einem Fenster werden oft dankbar angenommen. Ein Einzug ist sehr anstrengend, dazu kommt, dass unsere Katzen viele Stunden am Tag schlafen und dösen.

- Spielsachen...
um den Jagdtrieb zu befriedigen und die Bindung zu Ihnen zu stärken, sollten ebenfalls vorhanden sein. Hier eignen sich beispielsweise Bälle und Spielmäuse für solitäres Spiel, Federangeln für das gemeinsame Spiel mit Ihnen. Wichtig ist: das Spielzeug sollte beutegroß sein. Ist es beuteuntypisch könnte es der Katze Angst machen und nicht als Spielzeug dienlich sein. Auf das korrekte Spiel gehen wir im 3. Schnurrtopia Teil näher ein.

- Futter- und Wassernäpfe...
gibt es in allen möglichen Varianten, wobei flachere, größere Näpfe oft angenehmer für die Samttatzen sind als hohe kleine, da sich so beim Essen oder Trinken die Schnurrhaare nicht verbiegen müssen.

Es empfiehlt sich außerdem darauf zu achten, dass die Näpfe je nach Bodenbeschaffenheit nicht laut hin und her rutschen können. Eine rutschfeste Unterlage könnte Abhilfe schaffen und gleichzeitig den Boden vor Verschmutzungen schützen. Wasser haben Sie permanent zu Hause zur Verfügung. Was natürlich nicht fehlen darf, ist:

- *Futter*!
Mögliche Futterarten: Nassfutter, Trockenfutter, BARF. In das Thema Ernährung tauchen wir im 3. Schnurrtopia Teil intensiver ein, da es hier den Rahmen sprengen würde.
Nach meinem heutigen, aktuellen Wissensstand und persönlicher Meinung rate ich von der ausschließlichen Fütterung mit Trockenfutter ab. Wer sein Futter nicht selbst herstellen kann oder möchte, sollte bevorzugt ein gutes Nassfutter ohne Zucker und Getreide wählen und auf einen hohen Fleischanteil achten. Die Entscheidung, welches Futter Ihre Katzen bekommen obliegt selbstverständlich Ihnen.

Was Sie meiner Meinung nach nicht besorgen müssen ist ein *Halsband*. Weder der Optik wegen noch mit Glöckchen um die Vögel zu vertreiben – denn das bringt nicht den gewünschten Effekt des Vogelartenschutzes, auch wenn diesbezüglich stets wieder zum Glocken-Halsband geraten wird. Die Bezeichnung „Samtpfote", oder in dem Fall besser passend „Jäger auf leisen Pfoten" kommt nicht von ungefähr. Denken Sie, eine Katze wäre eine Katze, wenn Sie sich durch das Glöckchen eine Beute durch die Lappen gehen lassen würde? Ein weiterer Grund weshalb kein Halsband zu empfehlen ist, folgt im nachfolgendenden Kapitel unter 4.2.

> **❮Hinweis**: *Eine Option für kontrollierten Freigang ist das Ausführen mit der Leine. Hierzu gibt es sichere Katzengeschirre, die nach Figur und Größe der Katze ausgewählt werden können. Leider oftmals verpönt, finde ich dies eine tolle Möglichkeit, Katzen etwas Abwechslung zu bieten, wenn die Umstände einen Freigang nicht ermöglichen. Die Bereitschaft Ihrer Katze und ein stressfreies Üben natürlich vorausgesetzt.*

Utensilien wie *Zeckenzangen, Bürsten* etc. können Sie nach und nach kaufen, weshalb wir im nächsten Schnurrtopia Teil nochmals kurz auf Zubehör eingehen werden.

Nun haben wir die wichtigsten Utensilien besprochen. Wollen wir nun mit dem Einrichten Ihrer Wohnung weitermachen.

4. Wohnung vorbereiten

Nun wird es ernst, wir werden Ihre Wohnung / Ihr Haus auf den Neuankömmling vorbereiten. Hierzu gibt es dreierlei zu beachten. Ihr Wohnraum sollte:

a) katzengerecht eingerichtet werden,

b) von jeglichen Gefahren befreit werden und

c) für den Einzug ein Katzenzimmer zur Verfügung stellen können.

Da jedes für sich ein wichtiges Thema ist, werden Sie dies etwas ausführlicher aufgeschlüsselt bekommen. Auf geht's, wir beginnen mit dem:

4. 1. Ankunftszimmer

Wenn Ihre Gegebenheiten dies zulassen, wäre es ratsam, der Samtpfote zu Beginn ein eigenes Zimmer als Rückzugsort und Ankunftszimmer zur Verfügung zu stellen. Gleich die komplette Wohnung oder gar das mehrstöckigen Haus anzubieten könnte den kleinen Neuankömmling überfordern. Nicht selten wird bei der Gelegenheit auf einen Teppich oder in das Bett uriniert, da die Samtpfote den Weg zur ihrer Toilette noch nicht findet, oder aus Angst die weite Strecke nicht zurücklegen möchte.

Wollen wir das Ankunftszimmer einrichten. Einzelne Thematiken werden wir im übernächsten Kapitel „Katzengerechte Wohnungseinrichtung" noch etwas ausführlicher durchleuchten.

❖ Von allen Utensilien sollte etwas zur Verfügung stehen. Kratz- und Klettermöglichkeit, Spielsachen, mindestens eine Katzentoilette (besser bereits schon im Ankunftszimmer zwei Stück), mindestens ein Wasserangebot, eine kuschelige Decke sowie einen Futterplatz mit mindestens 1 Meter Abstand zum Wasserplatz.

❖ Bieten Sie ausreichend Versteckmöglichkeiten an, so dass die Katze nicht gezwungen ist, sich selbst einen unmöglichen, gefährlichen Platz zu suchen. Unterschätzen Sie nicht die Angst, die der Neuling empfindet und den Einfallsreichtum, ein Versteck zu finden.

❖ Futter sollte auf jeden Fall bereitstehen. Sobald sich die Fellnase sicher fühlt, sollte sie die Möglichkeit haben, Nahrung aufzunehmen. Gut sichtbar aufstellen ist daher ein absolutes Muss. Dies gilt auch für das Wasser und die Toilette(n). Optimal wäre es, würde eine der Toiletten dort auch dauerhaft stehen bleiben dürfen. Zusätzlich zu weiteren versteht sich, doch dazu später mehr.

❧ Kommt das Fellknäuel aus einem anderen Zuhause, platzieren Sie gerne vorab schon etwas mit dem bekannten Geruch im Zimmer bereit, ein altes Kratzbrett, einen Teppich oder etwas Spielzeug. So ist nicht alles komplett fremd für die Katze.

❧ Wählen Sie einen Raum als Ankunftszimmer, in den der Minitiger auch später darf. Er wird diesen möglicherweise immer wieder gerne in Stresssituationen als sicheren Rückzugsort bevorzugt aufsuchen.

❧ Das Zimmer sollte nicht zu groß sein und Ruhe bieten. Also nicht unbedingt eine Ecke im Kinderzimmer eines Kleinkindes zur Verfügung stellen.

❧ Mögliche Gefahrenquellen zu eliminieren sollte selbstverständlich sein. Sehen wir uns diesen Punkt bei der Gelegenheit etwas genauer an:

4. 2. Gefahren vermeiden

Da ein Haushalt viele Gefahren für Katzen birgt, die im Alltag ungewollt untergehen könnten, ist dies ist ein recht umfangreiches Thema.

Herrscht zu Hause Gefahr in Form von giftigen Pflanzen, offenliegenden Kabel, Ecken, in denen die Katzen hängen bleiben und sich verletzten könnten? Gibt es offene Schlupflöcher (Balkon, Fenster etc.)? Nachfolgend gehen wir etwas näher darauf ein, um bereits vor dem Einzug alle möglichen Gefahren zu beseitigen:

- Feuer und Hitze:
Verabschieden Sie sich möglichst von offenen Feuerstellen wie Kamin, Kerzen oder ähnlichem. So schön es auch ist, die Gefahr ist zu groß, dass in einem unbeaufsichtigten Moment die geliebte Samtpfote Feuer fängt.

In unserem Haushalt beispielsweise haben wir uns von dem Ethanol-Kamin verabschiedet als die Fellnasen eingezogen sind obwohl er sehr schön und gemütlich war. Die Gefahr, das eines der neugierigen Fellbündel in einem kurzen Moment der Unaufmerksamkeit – und die gibt es bei jedem, auch wenn sich das niemand gerne eingestehen möchte – Feuer fängt, war zu groß. Auch der unangenehme Duft des Ethanols sowie die Gefahr, versehentlich etwas davon aufzunehmen falls die Flasche umfallen sollte, muss mitbedacht werden.

Inzwischen steht an dem Platz ein Dekorationskamin ohne Feuer. Dieser sieht ebenso schön aus und es kann nichts passieren.

- Küche:

Wie auch bei einem kleinen Kind sollte die Samttatze nicht in die Nähe der Herdplatten kommen können, während Sie kochen. Es macht natürlich Sinn, der Mieze von Anfang an den Zugang zur Arbeitsplatte in der Küche zu verwehren. Ein späteres Abgewöhnen ist zwar möglich, aber aufwendiger.

Es ist schön, wenn Ihre Katze um Ihre Beine streift, während Sie in der Küche hantieren. Doch stellen Sie sich vor, Sie kochen eine Kürbissuppe – die besonders heiß ist – und es spritzt, genau auf Ihren Minitiger. Kein schöner Gedanke, oder? Daher beim Kochen bitte immer aufpassen.

Auch ein heißer Backofen kann nicht sehr angenehm sein, wenn die neugierige Mieze an der offenen Ofentür schnuppern möchte.

- Schlupflöcher:

Jedes noch so winzige Loch kann der Katze eine Chance bieten, auszubüchsen und schlimmstenfalls dabei hängen zu bleiben.

Viele Halter denken, die Katze kann ihren Körper abschätzen. Im Katzenalltag dienen der Kopf einer Samtpfote und deren Vibrissen[1] als grobe Schablone für die Katze. So schätzt eine Samtpfote ab, ob sie durch eine Öffnung passt was im Normalfall auch funktionieren sollte.

---

[1] **Vibrissen** - Schnurrhaare

Dennoch gibt es zum einen inzwischen viele adipöse[2] Katzen und zum anderen reagiert ein Lebewesen im Zustand von großer Angst, schlimmstenfalls sogar Todesangst, fern jeglicher Vernunft.

- Dekoration:
Sind Sie ein Freund von Dekorationen? Viele Katzen können sich geräuschlos ohne etwas ins Wanken zu bringen auf den Schränken, Regalen und Fensterbänken bewegen. Das heißt jedoch nicht, dass niemals etwas passieren wird und ebenso wenig, dass beispielsweise durch einen Windstoß etwas zu Bruch gehen kann. Hier könnte es gefährlich werden, sollte das Dekorationsmaterial aus Porzellan, Keramik oder vor allem Glas bestehen. Die Verletzungsgefahr für die Samtpfote ist sehr hoch, besonders, wenn sie durch den entstehenden Lärm in Panik gerät. Sie könnte sich an den Scherben die Pfoten verletzen. Panik ist dabei ein gutes Schlagwort: besonders in den ersten Tagen hat die Mehrzahl der neuen Familienmitglieder auf vier Pfoten Angst. Sie wissen nicht, wo sie sind, da sie sich in einer fremden Umgebung befinden und werden eher in der Nacht versuchen, sich etwas umzuschauen, wenn sie sich unbeobachtet fühlen.

---

[1] **adipös -** übergewichtig

> **❰Hinweis**: Es ist ein Irrglaube, Katzen seien Nacht-
> aktiv und können im Dunklen perfekt sehen: Dem ist
> nicht so. Katzen sind dämmerungsaktiv und sehen in
> der Dämmerung besser als wir. Im Dunkeln jedoch
> sehen auch sie nicht perfekt. Besonders wenn die Katze
> ihr Zuhause noch nicht kennt, besteht die Gefahr, in
> der für sie fremden Umgebung etwas umzustoßen und
> sich dabei zu verletzen.

Sie sollten zumindest am Anfang, bis sich Ihre
Fellnase eingelebt hat und bei Ihnen wirklich angekommen ist, auf gefährliche Dekoration verzichten.
Nach einiger Eingewöhnungszeit haben Sie Ihre
Katze kennengelernt und können abschätzen, wie
intensiv sie durch die Wohnung, das Haus, durch die
Zimmer tobt und wie hoch die Gefahr ist, dass
Gegenstände umgeworfen werden. Sollten Sie ein
tollpatschiges Schnurrknäuel erwischt haben macht
es Sinn, dauerhaft auf gefahrbringende Staubfänger
zu verzichten. Apropos Staub:

- Putzmittel und sonstige Chemie:
Offene Putzmittel sind nicht sonderlich angenehm
für die empfindlichen Katzennasen und außerdem
giftig für unsere Lieblinge. Es macht daher Sinn, alles
stets zu verräumen und geschlossen zu halten. Dies
gilt im Übrigen auch für Medikamente (besonders

Schmerztabletten), Lacke, Farben (irrelevant ob Wand- oder Haarfarben), aber auch Kochutensilien.

- Kochutensilien:

Viele Zutaten, die für uns wie selbstverständlich in die Küche gehören, sind für die Minitiger giftig. Schnittlauch beispielsweise wird gerne von den Katzen mit Katzengras verwechselt. Unsere allseits geliebte Schokolade ist hochgradig gefährlich für die Samtpfote. Bitte informieren Sie sich ausführlich über giftige Zutaten und lassen Sie daher nichts offen und zugänglich herumliegen.

Hinweis: „Stiehlt" sich eine Katze offen herumliegende Lebensmittel, ist das nicht die „Schuld" der Katze, sondern unsere, weil wir das Essen haben herumliegen lassen. Die Katze handelt instinktiv und kann nicht verstehen, warum gefundene Nahrung nicht gegessen werden soll/darf.

- Halsbänder:

Wie angekündigt noch ein weiterer Grund, weshalb Halsbänder nicht zu empfehlen sind, auch ohne Glöckchen: Das Tragen von Halsbändern kann für die Katze verheerende, oft tödliche Folgen haben. Dabei ist es irrelevant, ob es sich um eine Freigänger-Katze oder eine Samtpfote in Wohnungshaltung handelt, obgleich es im letzten Fall noch weniger Sinn macht.

Es gibt Halsbänder, die sich öffnen sollen, wenn die Katze irgendwo hängen bleibt. Im Internet finden Sie Test und Informationen diesbezüglich. Dennoch bleibe ich persönlich skeptisch, was das Thema betrifft. Wie bei allem gilt: Jeder Katzenhalter trifft seine Entscheidung für seine Katze und diese sollte respektiert werden.

- Keine Ausreismöglichkeit:

Beachten Sie bitte, dass die Katze nirgends eine Möglichkeit hat, auszubüchsen. Fenster, Balkone sowie Türen sollten so geschlossen sein, dass die Samtpfote keinen Spalt zum Entkommen findet. In dem Moment des Einzuges ist erst einmal alles Neuland, gefährlich und für manche Fellbündel möglicherweise unerträglich.

Natürlich gibt es Ausnahmen. Katzen, die in ihr Zuhause spazieren als wären sie nie woanders gewesen, hoch erhobenen Hauptes mit der Frage im Gesicht, warum alles denn so lange gedauert hat und wann endlich das Essen serviert wird. Sie sollten dies jedoch nicht erwarten, denn es ist nicht die Regel und unter anderem auch davon abhängig, wie die Samttatze aufgewachsen ist und in wichtigen Phasen auf andere Lebewesen und Umgangsformen sozialisiert wurde.

- *Pflanzen:*

Es ist erschreckend, wie viele Pflanzen, die in fast jedem Haushalt zu finden sind, giftig für unsere kleinen Fellnasen sein können. Leider hält sich noch immer der Irrglaube, Katzen würden instinktiv wissen, was für sie giftig ist und solche Gewächse daher nicht anrühren. Dem ist nicht so und leider mussten bereits Fellnasen ihr Leben aufgrund dieser Meinung lassen.

Katzen fressen von Natur aus gelegentlich Grünpflanzen, wie beispielsweise Gras oder in einzelnen Fällen Kräuter, jedoch nicht aus Hunger. Unter anderem kann die bereits im Beispiel Schnittlauch erläuterte Verwechslungsgefahr, sowie auch das Thema Langeweile bei Miezen die in Wohnungshaltung leben, Grund für das Anknabbern von für Katzen gesundheitsschädlichen Pflanzen sein.

Im nächsten Schnurrtopia-Teil werde ich Ihnen einige Beispiele für Katzen giftiger Pflanzen vorstellen.

- *Fenster:*

Achten Sie bitte stets darauf, dass keine Fenster ohne Aufsicht gekippt sind und verlassen Sie niemals das Haus/die Wohnung, wenn die Fellnase Zugang zu den Zimmern mit den gekippten Fenstern hat. „Da ist noch nie was passiert" oder „so hoch kommt sie eh nicht" sind nur wenige von den Aussagen, die ich immer wieder höre.

28

Sicher kennen Sie das Lied „1000 Mal ist nichts passiert". Irgendwann ist dann das 1001. Mal. Unterschätzen Sie außerdem niemals die Kraft und die Ausdauer eines Hauslöwen, besonders in Panik.

Es landen sehr viele Katzen in der Notaufnahme und genug schaffen es nicht. Inzwischen gibt es ausreichend Möglichkeiten, um solchen Unfällen vorzubeugen. Dazu mehr im nächsten Punkt „Katzengerechte Wohnungseinrichtung".

4. 3. Katzengerechte Wohnungseinrichtung

Wie in Punkt 4.1. schon angeschnitten, soll langfristig natürlich der komplett zur Verfügung stehende Wohnraum katzengerecht eingerichtet werden. Dies können Sie, je nachdem, wie viel Vorbereitungszeit Sie zur Verfügung haben, auch erst dann erledigen, wenn die Katze bereits ihr Ankunftszimmer bezogen hat und sich noch akklimatisiert. In dieser Zeit schaffen Sie das erforderliche Katzenparadies.

Wenn ich geschäftlich in den sozialen Netzwerken oder auch sonst im Internet auf Informationen stoße, bin ich oftmals entsetzt was als gut und normal angeboten und geraten wird. Nicht alles, was wir kaufen können oder selbsternannte Experten im Internet raten, muss für Ihre Katze gut sein. Was besonders angepriesen wird sind Produkte, die zu

100 % vorteilhaft für den Menschen sind, jedoch 0 % Komfort für den eigentlichen Kunden, die Katze, bedeuten. Selbst in Zeitungen, die extra und speziell für Katzen gedruckt werden, stehen Tipps & Tricks, die verboten gehören.

Doch nun klären wir, welche Einrichtung denn genau benötigt wird:

- ❧ Ausreichend Höhenmöglichkeiten, sowohl zum Klettern als auch zum Liegen.

- ❧ Ausreichend Versteckmöglichkeiten in verschiedenen Höhen und auf dem Boden.

- ❧ Optimale Futterplätze.

- ❧ Genügend Wasserstellen.

- ❧ Bei Wohnungshaltung: Möglichkeit des Ausguggs oder kontrollierten, sicheren Freigangs z. B. auf Balkon, Fenster mit Insektenschutz oder Katzenbalkon-Anbau.

- ❧ Das optimale Toilettenmanagement - *nähere Ausführung im folgenden Kapitel.*

- ❧ Sicherheit für Balkon & Fenster, in Form von Katzennetz oder Fenstergitter.

Die genannten einzelnen Punkte werden wir erst in *„Schnurrtopia - Teil 3. Praktische Tipps für ein glückliches Leben mit der Samtpfote"*, ausführlich behandeln. Denn in diesem Ratgeber hier primär um den Einzug geht. Das Thema Toilettenmanagement allerdings werden wir uns nun genauer anschauen:

4. 3. 1. Toilettenmanagement

Ein sehr interessantes und vor Allem wichtiges Thema ist das Toilettenmanagement der haarigen Mitbewohner. Hier entscheiden nicht nur Kleinigkeiten über das Wohlbefinden unserer Katzen. Um spätere Probleme gar nicht erst entstehen zu lassen, muss diesem Thema besonders in diesem und auch im nächsten Teil der Schnurrtopia Reihe große Beachtung geschenkt werden.

Wie sollte eine Toilette sein:
Groß, offen, angenehm begehbar. Das bedeutet:

<u>Groß</u> - Die zum Kauf angebotenen „Jumbo" Toiletten sollten meiner Meinung nach normale Standardgröße sein. Schauen Sie ggfs. auch in den Möbel-, Bau oder Supermärkten nach, eine einfache Plastikschale tut es ebenso. Schauen Sie, dass Ihre Katze (ohne Schwanz) mindestens 1,5 Mal in der Diagonale in die Toilette passt.

> **☾Tipp**: *Zieht ein Kitten bei Ihnen ein, beachten Sie bitte, dass die kleinen Fellnasen sehr schnell wachsen und so eine Toilette, die zum Zeitpunkt des Einzugs noch riesig wirkt, bereits nach wenigen Wochen viel zu klein sein kann.*

Offen - Die angebotenen Hauben-Toiletten bieten lediglich dem Halter Komfort, nämlich das geringere Austreten unangenehmer Gerüche und weniger herumfliegende Streu in der Wohnung. Für die Mehrheit der Katzen ist dies jedoch ein Graus. Und nur, weil ein Stubentiger die Toilette nutzt, heißt dies nicht, dass er diese auch mag. Dulden passt hier wohl eher.

Angenehm begehbar - Hohe Wände schützen vor herausfallendem Streu, sind aber eher unangenehm zu überwinden. In einzelnen Fällen wie beispielsweise „Stehpinklern" können solche Wände jedoch ein Segen sein. Zumindest sollte der Eingang nicht höher als 15 Zentimeter sein. Besonders für alte oder in ihrer Bewegung eingeschränkte Katzen wäre ein Einstieg zw. 10 - 15 Zentimeter empfehlenswert.

Um Ihnen die Problematik etwas besser zu veranschaulichen, ein kleiner Schwenk in die Welt der Menschen:

Als ich einmal in Frankfurt bei einem Lauf für einen guten Zweck war, musste ich natürlicherweise auch mal auf die Toilette. Da die Veranstaltung mitten in der Stadt war, blieb nur in ein Café zu gehen oder auf die Dixi Klos. Ersteres war zum einen zu weit und zum anderen durch die Menschenmasse schwer zu erreichen, also: Dixi Klo. Ich betrat das erste Häuschen, welches frei wurde und verlies dies umgehend im Rückwärtsgang. Denn in dieser Box, die sehr beengend war, stank es fürchterlich nach Exkrementen. Das lag nicht nur an der gähnenden, großen Öffnung, in der sich die Fäkalien sammelten, sondern an den Ausscheidungen, die auf dem Boden schwammen. Die nächste Box, in die ich flüchtete war nicht viel besser. Zwar trat ich nicht in Exkremente, doch Toilettenpapier war weit und breit nicht zu sehen…

Nette Vorstellung, oder? Und ungefähr so müssen sich Katzen fühlen, die sich zu zweit (oder mehr) eine Hauben-Toilette teilen müssen, die alle paar Tage ausgesiebt wird.

Doch zurück zum Toilettenmanagement unserer Vierbeiner:

Wo sollten die Toiletten stehen:

Nicht im letzten Eck, mit guter Sicht in den Raum für die Katze, in jeder Etage. Das bedeutet:

Nicht im letzten Eck – Eine Katze sollte, wenn sie mal muss, eine nicht allzu weite Strecke zurücklegen müssen, um auf die Toilette zu kommen. Ebenso sollte der Platz ruhig sein, also nicht unbedingt neben der Waschmaschine. Wie würden Sie sich fühlen, wenn Sie in Ruhe ihr Geschäft verrichteten und auf einmal direkt an Ihrem Ohr ein Rasenmäher losginge.

Mit guter Sicht in den Raum für die Katze – Unsere Räuber beobachten ihre Beute und sind daher selbst auch stets auf der Hut, um nicht unbemerkt angegriffen werden zu können. Auch wenn in der Wohnung eher keine Greifvögel oder sonstige Feinde zu finden sind, möchte sich unsere Samtpfote vor anderen Katzen im Haushalt beim Toilettengang sicher fühlen, weshalb eine gute Sicht zu allen Seiten nötig ist. Anlehnend an den ersten Punkt, nicht im letzten Eck, ist es nötig, dass es mehrere Fluchtwege für die Mieze gibt, sollte sich doch eine Bedrohung wie beispielsweise die Mit-Katze, ein Kleinkind oder der Hund des Haushaltes, falls vorhanden, nähern.

In jeder Etage – egal ob Wohnung oder Haus sollte in jeder Etage mindestens eine Katzentoilette zu finden sein. Wenn die Katze dringend muss, dazu jedoch zwei Etagen weiter runter laufen müsste, schlimmstenfalls in der unteren Etage noch Gäste des Halters sitzen und es laut ist, überlegt die Samttatze es sich möglicherweise zwei Mal, ob sie die Toilette aufsucht. Die Alternative wäre, sich eine andere Stelle zum Urinieren zu suchen – und das, liebe Leser, möchten Sie sicher nicht. In solchen Fällen kann es auch vorkommen, dass die Katze den Urin anhält.

Dies wiederum kann gesundheitliche Folgen, wie beispielsweise eine Blasenentzündung zur Folge haben, was wiederum langfristig zum Urinieren außerhalb der Katzentoilette führen kann.

Wie viele Toiletten benötigt Ihre Katze:
Jede Mieze freut sich über mindestens zwei Toiletten. Im Mehrkatzenhaushalt sagt man mindestens pro Katze eine + eins, in mehrstöckigen Wohnräumen auf jeder Etage mindestens eine.

Weshalb auf jeder Etage mindestens eine Toilette stehen sollte, habe ich im vorangehenden Punkt beschrieben. Doch wieso zwei Toiletten je Katze? Ganz einfach:

Eine Samtpfote macht gerne ihre unterschiedlichen Geschäfte an verschiedenen Stellen. Sie setzt ihren Kot in der einen und ihren Urin in der anderen Toilette ab. Sofern diese natürlich ausreichend gepflegt sind und den Ansprüchen der Minitiger genügen, naturlich. Oftmals teilen sich Katzen die vorhandenen Boxen, doch sollte stets eine Ausweichtoilette da sein. So benötigen Sie optimaler Weise in einem Haushalt mit zwei Katzen mindestens drei Toiletten an verschiedenen Stellen.

Achtung: bei Verhaltensauffälligkeiten kann die benötigte Menge stark variieren, teilweise auf das Doppelte ansteigen.

Manche Katzenhaushalte kommen auch mit einer Toilette zurecht, wie ich in meinem Job als Katzensitter schon gesehen habe. Das bedeutet jedoch nicht, dass dies für die Katzen das Optimale ist und wie schon angedeutet, nur geduldet wird.

Wie wird die Toilette gefüllt:
Am beliebtesten ist eine staubfreie, an den Pfoten angenehme, duftfreie Einstreu, die mindestens 5 - 8 cm hoch eingefüllt wird. Katzen scharren für gewöhnlich vor und nach dem Toilettengang. Manche mehr, manche weniger und manche lassen ihre Ausscheidungen offen liegen. Manche buddeln gefühlte Stunden, manche nur kurz, wieder andere nur auf dem Boden während andere die Wände bearbeiten. Die einen schaufeln mit einer Pfote, andere spielen Road Runner mit beiden Vorderpfoten. Rundum: die meisten Katzen scharren, da dies ein natürliches Verhalten ist.

Eine unangenehme, beispielsweise großkörnige oder scharfkantige Streu fördert dieses Verhalten nicht. Dies bewusst durch unbequeme Streu herbeizuführen wäre lediglich dem Halter dienlich, daher:

Tipp: Legen Sie Ihren Fokus bei den Katzenutensilien und Stellplätzen von beispielsweise der Katzentoiletten auf das Wohl der Katze, nicht auf das Ihre. Was Ihnen anfangs genehmer erscheint, kann langfristig gesehen zu Unzufriedenheit und daraus resultierenden Verhaltensauffälligkeiten, wie urinieren außerhalb der Katzentoilette, führen.

Es bedeutet ebenso nicht, dass automatisch eine nicht scharrende Samtpfote unzufrieden ist. Jede Katze ist, wie auch wir, ein Individuum und jedes Lebewesen hat seine Eigenschaften.

Die Pflege & Reinigung der Toiletten, mehr Informationen über die verschiedenen Streuarten sowie die anderen Punkte der Einrichtung werden wir im nächsten Schnurrtopia Teil detaillierter begutachten. Schließlich sind die Teile dieser Reihe je ein kleiner, kompakter Ratgeber passend zum jeweiligen Thema. Und hier geht es primär um den Einzug.

Weiter geht es mit dem nächsten Punkt:

5. Überlegungen, was und wohin die Katze darf

Sie sollten bereits vor dem Einzug entscheiden, welche Zimmer die Katze benutzen darf. Wie schon angesprochen, sollte entsprechend ein Zimmer als Ankunftszimmer gewählt werden, welches auch in Zukunft der Samtpfote als Nutzungsort dienen darf. Doch auch im Rest des Wohnbereiches sollte vorab festgelegt werden: Darf die Katze überall hin, oder ist eines der Zimmer tabu? Dann sollten Sie dies von Anfang an entsprechend handhaben.

Es ist furchtbar für unsere Fellnasen, wenn sie die ganze Weite ihres neuen Territoriums erkunden durften und einige Wochen oder Monate später gibt es permanent verschlossene Türen.

Entscheiden Sie bereits zu Beginn, ob Ihre Katze auf die Tische und Schränke darf oder nicht. Es macht keinen Sinn, es ihnen einmal zu gewähren und beim nächsten Mal nicht. Besonders bei reiner Wohnungshaltung empfehle ich Ihnen, den Minitigern das Nutzen von Möbeln, auch Tischen, zu gestatten. Was ist so schlimm daran, diese Liegefläche grundsätzlich nutzen zu dürfen? Wenn Sie außer Haus sind, haben Sie zum einen eh keinen Einfluss darauf, und zum anderen ist für eine in einer Wohnung lebenden Katze das Territorium recht begrenzt und mit jeder Fläche in einer anderen Höhe bieten wir eine weitere Dimension an. Eine Katze weiß zudem nicht, dass es ein Tisch ist, und warum wir nicht wollen, dass sie diesen betritt. Selbstverständlich entscheiden Sie, was erlaubt ist und was nicht. Soll die Fellnase ein Möbelstück nicht betreten dürfen, dann bitte von Anfang an, auch und besonders, wenn Sie ein Kitten adoptieren.

Es erst zu erlauben, aber dann später mit Wasserstrahl und Co. zu bestrafen, ist im Übrigen nicht die beste Lösung, auch wenn dies einige fragwürdige Experten, die im Internet zu finden sind, immer wieder raten. Sie fahren besser, wenn Sie dem Minitiger ausreichend Alternativen bieten und zwar von

Anfang an. Versetzen Sie sich in die Lage der Katze. Warum möchte die Mieze beispielsweise auf den Tisch? Sie möchte ihr Revier erkunden, sie sucht erhöhte Plätze an denen sie sich wohl fühlt, sucht eine Reviererweiterung, möchte in Ihrer Nähe sein.

Gleich von Anfang an konsequent Grenzen aufzuzeigen, wenn sie etwas nicht darf, ist somit ein wichtiger Punkt. Ebenso ein gutes Beispiel für diese Empfehlung ist, wenn Kitten Ihnen beim Spiel mit Ihrer Hand in die Finger beißen. Das ist super süß und wird daher gerne geduldet. Dennoch ist das Spielen mit der Hand ohne Spielzeug nicht zu empfehlen, denn wenn die Katze ausgewachsen ist, ist das nicht mehr so lustig. Vor allem hat sich die Fellnase dieses Verhalten angewöhnt und wird Ihre Hand auch weiter-hin als Beute sehen.

6. Für den Notfall

Sie sollten sich, sofern es noch kein Tierarzt des Vertrauens gibt, bereits vor dem Einzug der Katze über Tierärzte in der Umgebung informieren und eine Auswahl für den Notfall treffen. Es ist nicht ratsam sich erst dann zu fragen wo es den nächsten Tierarzt oder die nächste Tierklinik gibt, wenn dieser Notfall eintritt. Eine Katze sollte je nach Herkunft und Alter relativ bald nach ihrem Einzug einmal durchgecheckt werden. Der Arzt sollte nicht zu weit weg sein. Eine optimale Möglichkeit, sofern die Praxis dies anbietet, sind Hausbesuche.

Nun sind wir mit dem Wichtigsten ausgestattet, es kann losgehen, die Katze kann kommen.

7. Der Transport

Es ist soweit, die Fellnase wird von Ihnen abgeholt oder von jemanden gebracht. Bestenfalls haben Sie sich einige Tage Urlaub genommen, um während des langsamen Kennenlernens des neuen Zuhauses zugegen zu sein. Falls dies nicht machbar ist, sollten Sie den Einzug auf den Beginn eines Wochenendes legen, damit Sie zumindest zwei Tage Zeit haben.

Wenn Sie die Katze selbst abholen:

Versuchen Sie, die Box während des Transportes vor zu heftigen Bewegungen zu schützen. Manchmal bekomme ich Gänsehaut, wenn ich beispielsweise bei Tierarztbesuchen andere Halter dabei beobachten kann, wie sie die Box mitsamt Tier gleich einer Handtasche hin und her schleudern. Im Auto ist es von Vorteil, wenn Sie noch eine Begleitperson dabeihaben. Diese kann die Box festhalten um eventuelle starke Bremsungen und das daraus resultierende Anschlagen der Katze an der Boxenwand möglichst abzufangen.

> *❰Tipp: Ein Hinweisschild am Auto warnt andere Autofahrer, dass es einen Grund für die vorsichtige Fahrweise gibt. Wenn Sie ein solches Schild benötigen, fragen Sie gerne bei mir an.*

Gut vorbereitet, haben Sie Handtücher oder Zewa dabei, falls die Samtpfote vor Angst erbrechen oder urinieren sollte. So kann nichts auf Ihren Autositz, oder den Schoß der Begleitperson laufen. Bestenfalls ist die Mieze nicht direkt vor der Fahrt gefüttert worden.

Achten Sie bitte darauf, dass es im Auto nicht zieht, lassen Sie möglichst die Fenster geschlossen und die Klimaanlage nicht voll aufgedreht ist. Dass die Radiolautstärke nicht voll aufgedreht ist, setze ich voraus.

Die Wahrscheinlichkeit, dass Ihr neuer Minitiger jammert, maunzt oder auch sehr erbärmlich schreit, ist hoch. Sie sollten sich davon nicht verunsichern lassen, auch wenn uns bei den Geräuschen das Herz zerreißt, das Mäuschen ist nicht am Verenden, hat jedoch höchstwahrscheinlich panische Angst.

Es gibt homöopathische und pflanzliche Stresslöser, die einer extrem ängstlichen Katze vor der Fahrt verabreicht werden könnten. Dies ist kein zwingendes Muss, zumal vorab nicht abgeschätzt werden kann ob es dieser Samtpfote viel hilft. Davon abgesehen könnte je nach Mittel eine vorherige Gabe die Angst des Hauslöwen zusätzlich schüren je nachdem, was Sie geben und wie es verabreicht wird. Lassen Sie sich hierzu von Ihrem Tierarzt oder Tierheilpraktiker beraten.

8. Der eigentliche Einzug

Zuhause angekommen sollten Sie die Transportbox vorsichtig in das Ankunftszimmer stellen. Checken Sie nochmals ob alle Fenster geschlossen sind, Futter und Wasser sowie eine Toilette zur Verfügung stehen und öffnen Sie vorsichtig die Boxentür.

Bitte setzen Sie sich nun nicht vor die Transportbox und starren die Katze an, sondern ziehen Sie sich etwas zurück. Geben Sie dem neuen Familienmitglied etwas Zeit, um die Fahrt zu verarbeiten und die neuen Gerüche aufzunehmen. Seien Sie nicht enttäuscht, wenn sich das Fellknäuel zunächst versteckt. Im nächsten Kapitel gehen wir etwas näher darauf ein.

Sie sollten dem Neuankömmling nicht gleich alle zur Verfügung stehenden Zimmer in der Wohnung zugänglich machen, bevor dieser sich nicht etwas im Ankunftszimmer eingelebt und sich Ihnen etwas genähert hat.

Achtung: In einem Mehrkatzenhaushalt, in dem bereits Katzen im Haus leben, ist ein bedachtes Zusammenführen der Samtpfoten zu empfehlen. Dieses Thema ist jedoch sehr umfangreich, weshalb wir wie in der Einleitung schon angesprochen, in diesem Kompakt-Ratgeber nicht darauf eingehen werden. Sie sollten die neue Samtpfote nicht gleich zu den alteingesessenen Katzen lassen und umgekehrt. Informieren Sie sich vorab ausführlich über das Thema „systematische Zusammenführung" oder holen Sie sich Hilfe bei einem Katzenexperten.

9. Geduld

Geben Sie dem Mäuschen Zeit. Es gibt Katzen, deren Neugierde nach wenigen Stunden die Angst besiegt, sowie Miezen, die mehrere Tage nichts von sich hören und sehen lassen. Bei manchen Samtpfoten werden Sie daran zweifeln, dass jemals eine Katze in Ihrer Wohnung oder Ihrem Haus war. Sie werden sich fragen, ob der Einzug der Mieze nicht nur in Ihrer Phantasie stattgefunden hat oder ob Sie nicht doch einen Spalt übersehen haben und die Fellnase längst Ihre Ersparnisse gemopst und sich ins Ausland abgesetzt hat. Lediglich eine benutze Toilette und der geleerte Futternapf geben Ihnen die Sicherheit: Die Katze ist noch da! Sie haben sich den Einzug nicht eingebildet – und können den Psychologentermin wieder absagen, Sie haben nicht halluziniert.

Keinesfalls sollen Sie die Katze bedrängen. Ein Fehler wäre, sich vor das Sofa oder neben ihr Versteck zu setzen, die verängstigte Samtpfote unablässig anzuschauen und in einer möglichst babyhaften, hohen oder einer extrem lauten Stimme ununterbrochen auf sie einzureden. Die menschliche Auffassung von gutem, beruhigenden Zureden ist recht unterschiedlich. Finden Sie ein Mittelmaß.

Geben Sie ihr die Zeit, die sie braucht und seien Sie vor allem am ersten Tag auf alles gefasst. Lassen Sie sich nicht entmutigen, sollte sich der Neuzugang die ersten Tage nicht oder kaum sehen lassen.

Ab und an wird geraten, die Katze aus ihrem Versteck zu holen, um ihr zu zeigen, dass sie keine Angst zu haben braucht. Dies hat jedoch meiner Meinung nach einen Hauch von Misshandlung, die Katze zu Nähe und Zuneigung zu zwingen. Ein extrem verängstigtes Tier aus dessen Versteck zu zerren, könnte eher Angst und Kapitulation, als Vertrauen schüren. So eine Holzhammermethode kann zwar auch zu dem gewünschten Erfolg führen, kann jedoch nach hinten losgehen und es wird umso schwerer bis unmöglich, Vertrauen aufzubauen.

Das heißt nicht, dass Sie sich nicht in der Nähe der Katze aufhalten dürfen, im Gegenteil. Gerne dürfen und sollen Sie sogar präsent sein. Versuchen Sie, die Katze mit Spielen zu locken und ihr Selbstvertrauen aufzubauen. Nehmen Sie hierzu jedoch anfangs Distanzspielsachen wie beispielsweise Angeln.

Besonders bei scheuen Fellbündeln ist nach einer Eingewöhnungszeit eine Kontaktaufnahme sinnvoll. Ihre pure Anwesenheit, Spielangebote auf Entfernung – beispielsweise mit einer Angel mit einem Federanhänger – oder sogar sanftes Vorlesen können Ihrer Katze dabei helfen, die Angst nach und nach zu verlieren und immer mutiger zu werden.

> *Tipp: Bei Spielangeboten stets darauf achten, dass passendes Spielzeug und eine korrekte Spieletechnik angewandt werden. Gerade bei scheuen Katzen sollte das Spielzeug Beutegröße haben, keine Glöckchen haben die schrilles Bimmeln oder sonstige laute Geräusche von sich geben und sie sollten niemals in Richtung der Katze oder gar in Ihr Gesicht spielen. Distanzspiele sind für den Vertrauensaufbau von Vorteil, so dass ca. ein Meter Abstand zwischen Ihnen und der Katze besteht.*

10. Erst einmal keinen Freigang

Sie können und wollen Ihrem Stubentiger Freigang gewähren? Super, doch warten Sie damit eine Weile. Wie lange die Wartezeit sein soll, kann nicht pauschalisiert werden. Es kommt auf jedes einzelne Tier und dessen Charakter an. Grob benannt sollten 4 - 12

Wochen das Minimum sein. Sie sehen, die Spanne ist sehr groß.

Wichtig ist, dass Ihre Katze bei Ihnen „angekommen" ist, sich wohl fühlt und weiß, dass dies nun ihr Zuhause. Schließlich soll sie nach der spannenden Erkundungstour gerne wieder in das sichere Zuhause kommen, und nicht in den ersten Tagen aus Angst vor der fremden, neuen Umgebung nach draußen flüchten.

Was in diesem Zuge noch wichtig ist:

11. Katze chipen und registrieren lassen

Besonders bei Freigängern, aber auch bei Katzen in Wohnungshaltung ist das Chipen und Registrieren eine sehr wichtige Angelegenheit. Manche unserer Samtpfoten sind gechipt, wurden jedoch nicht registriert, was in so einem Fall unbedingt nachgeholt werden sollte. Chipen tut nicht weh und ist bezahlbar.

Auch Wohnungskatzen können immer mal wieder den Weg nach draußen finden, Freigänger werden versehentlich eingesperrt oder verstecken sich beispielsweise aus Angst vor den lauten Geräuschen an Silvester. Werden diese Katzen gefunden und sind gechipt, können die örtlichen Tierheime und Tierärzte durch das Auslesen des Chips die Katzenhalter informieren und das vermisste Fellknäuel kommt wieder nach Hause. Allerdings geht das nur, wenn das Tier auch registriert wurde. Ist die Fellnase nur gechipt aber nicht registriert, kann die Familie nicht ermittelt werden. Das Registrieren ist kostenlos und kann u. A. bei TASSO gemacht werden. Natürlich hoffe ich, dass Ihnen dies niemals wiederfahren wird.

Doch nicht nur traurige Gründe befürworten das Chipen. Ein weiterer Vorteil ist zum Beispiel das Nutzen chip-gesteuerter Utensilien. Chipgesteuerte Katzenklappen oder Futterautomaten können den Katzenalltag sehr erleichtern. Mehr zu diesen interessanten Aspekten erzähle ich Ihnen im nächsten Schnurrtopia Teil. Also:

> **❰Hinweis**: *Chipen lassen ist wichtig - registrieren jedoch ebenso! Daher registrieren nicht vergessen.*

12. Katzensprache lernen

Last but not least: Die Basics der Katzensprache zu beherrschen ist sehr wichtig, um Missverständnissen vorzubeugen. Schon oft habe ich während meiner Beratungen festgestellt, dass durch das bessere Lesen der Katze bereits ein besseres Verständnis für ihre Bedürfnisse und das Befinden des Fellbündels und somit zum verbesserten Miteinander entsteht.

Unsere Katzen merken, wenn wir versuchen, sie zu verstehen und entsprechend mit ihnen kommunizieren.

Jede Samtpfote ist anders und neben den Basics, die wir uns ein anderes Mal anschauen werden und über die Sie zudem ausreichend Literatur finden, ist es wichtig, Ihr Familienmitglied kennenzulernen. Dazu brauchen Sie nicht viel. Wenn Sie ein wenig Aufmerksamkeit an den Tag legen, um die Freundschaft zu Ihrer Katze zu kräftigen, werden Sie ein Gespür für Ihren Minitiger entwickeln. Nutzen und vor allem: genießen Sie die Anfangszeit.

So, nun sind alle Weichen für den Einzug Ihres Familienmitgliedes gelegt. Machen Sie sich auch gerne eine eigene Checkliste. Was nun noch fehlt ist:

Schnurrtopia - Teil 3 lesen 😊 um tolle Tipps für das gemeinsame Zusammenleben mit Ihrer Katze zu erhalten.

Schlusswort

Über jedes der aufgeführten Themen könnte ich ausführlich ein separates Buch schreiben, doch meine Intension bei der Schnurrtopia-Serie ist, Ihnen <u>kompakt</u> das Wichtigste mit auf den Weg zu geben. Wenn Ihnen ein spezielles Thema sehr am Herzen liegt, können Sie sich bei der zahlreich vorhandenen Literatur einlesen.

Haben Sie bereits eine Katze im Haushalt? Dann sollten Sie auf eine ordentliche Zusammenführung Wert legen. Nehmen Sie sich Zeit und überlassen Sie die Angelegenheit nicht dem Schicksal. Auch wenn das oft gut gehen kann, eine Garantie gibt es nicht. Um zu prüfen ob die Katzen sich sympathisch sind oder nicht, sollten Sie die Sache doch besser langsam angehen. Wenn bereits von Anfang an lautes Knurren, Fauchen oder gar Spucken gezeigt wird, ist die Chance auf eine Freundschaft der Samtpfoten untereinander schwindend gering. Zu dem Thema Zusammenführung gibt es ausreichend Literatur, mit der Sie sich im Detail belesen können. Dies empfiehlt sich natürlich bevor die neue Katze einzieht.

🐈 Hinweis am Ende

Bitte beachten Sie bei jeder Aussage: Ausnahmen bestätigen die Regel. Warum:

Katzen sind Lebewesen und kein Lebewesen ist wie das andere. Jedes Tier hat seinen Charakter, seine Gene, seine Kindheit, seine Vergangenheit. Was bei dreizehn Katzen der Fall ist, kann bei dieser einen anderen nicht der Fall sein.

Viele weitere Tipps und Hilfestellungen, um es der Samtpfote so angenehm wie möglich bei Ihnen zu machen, stelle ich Ihnen in anderen Schnurrtopia-Teilen vor.

Ich danke Ihnen für Ihre Aufmerksamkeit und für Ihr Interesse daran, einer Samtpfote ein schönes Zuhause zu schenken.

Über Daniela Müller

Die Hobbyautorin und Katzenfan Daniela Müller lebt in der schönen Pfalz. Nach Gründung ihres Unternehmens **Katzensitting DÜW** hat sie schon viele Samtpfoten mit Leib und Seele betreut. Mit erfolgter Qualifikation zur zertifizierten Katzenpsychologin unterstützt sie solche Katzenhalter, deren Samtpfoten Verhaltensauffälligkeiten zeigen.

Bekannt ist Daniela Müller unter anderem aus der Sendung „Hund, Katz, Maus" auf VOX. Auch mehrere Zeitungsartikel sind über sie erschienen.

Heute trägt Ihr zahlreiches Katzen Angebot den Namen:

Schnurrtopia - Alles für die Katz.

Mehr Informationen über ihren Service und die Schnurrtopia Reihe auf:

www.schnurrtopia.de 🐱

Weitere Bücher der Autorin:

Titel:
Schnurrtopia

Untertitel:
Teil 1 - Katzenwunsch.
Sinnvolle Überlegungen
vor der Anschaffung
einer Katze.

Autor: Müller, Daniela

ISBN: 9783743138155

Sie überlegen, sich eine Katze anzuschaffen? Das ist super, doch sollte davor über einiges nachgedacht werden. Denn leider wird oftmals die Anschaffung einer Katze zu wenig differenziert betrachtet und geschieht in manchen Fällen sogar ein klein wenig zu voreilig und unüberlegt.

Die Katze ist trotz ihres eigenständigen Charakters ein anspruchsvolles Tier, welches oft missverstanden wird. In diesem Ratgeber erhalten Sie notwendige und wichtige Informationen sowie Denkanstöße zur Anschaffung einer Katze kompakt und übersichtlich. So wird Ihnen geholfen, die Entscheidung über den Einzug des eventuellen, neuen Familienmitglieds wohlüberlegt und mit ausreichend Hintergrundinformationen anzugehen.

Schnurrtopia - Teil 3

Titel:
Schnurrtopia

Untertitel:
Teil 3 - Die Katze ist da.
Praktische Tipps für ein
glückliches Leben mit
der Samtpfote.

Autor: Müller, Daniela

ISBN: 978753403991

Der Einzug Ihrer Samtpfote hat gut geklappt? Super. Gerne gebe ich Ihnen in diesem kompakten Ratgeber die meiner Meinung nach wichtigsten Vorschläge, um Ihrer Katze auf Dauer ein angenehmes Zuhause zu ermöglichen.

Lassen Sie uns gemeinsam Ihr Zuhause und den Alltag der Samtpfote optimieren und betrachten dabei einzelnen Themen, die Ihnen dabei helfen sollen, Ihrer Samtpfote ein bestmöglich artgerechtes Katzenleben zu bieten.

Für künftig glückliche Katzen und ebenso glückliche Katzenhalter.

Freundebuch für Katzenhalter, in 4 Sprachen

Titel:
Das Freundebuch für Katzenhalter – Dosenöffner unter sich

Autor: Müller, Daniela

ISBN: 9783750461901

In diesem Freundebuch haben 16 Dosenöffner Platz, Fragen über sich und deren Samtpfoten zu beantworten. Jedem stehen sechs Seiten zur Verfügung, wovon je drei Seiten identisch sind, nämlich die Seite(n) für die Katze(n), denn eine Katze kommt selten alleine. So kann jeder Freund Fragen über sich, und über deren Katzen auszufüllen.

Die Seiten sind schlicht in schwarz weiß und schreien danach, von jedem Besucher nach eigenem Geschmack beklebt, bemalt und verziert zu werden. Natürlich darf und sollte der Buchinhaber ebenfalls Fragen zu seinen Katzen beantworten.

Übrigens: Dieses Buch gibt es in vier verschiedenen Sprachen.

Libro de amistades para dueños de felinos domésticos
ISBN: 9783751914901

Livre d'amitié pour les propriétaires de chats
ISBN: 9783751907507

Friendship book for cat owners
ISBN: 9783751908412

Traumjob Katzensitter

Titel:
Traumjob Katzensitter

Autor: Müller, Daniela

ISBN: 9783751935265

Katzensitting, der Traumjob schlechthin, zumindest für einen Katzenfreund. Stimmt das? Absolut. Doch ist der Job wirklich so, wie Sie sich das vorstellen? „Das bisschen Katzenfüttern", denken manche Menschen, die mich über meinen Job als selbständige, mobile Katzensittern belächeln.

In diesem Buch gebe ich Ihnen einen kleinen Einblick in das Leben eines Katzensitters. Schauen Sie hinter die Kulissen und fahren Sie mit mir auf eine spannende Katzensitting-Tour.

Für alle Katzenfreunde strebe ich eine Unterhaltung der anderen Art an. Begleiten Sie mich in einen Alltag voller Katzen und fühlen Sie mit. Schönes, Kurioses und Nachdenkliches, ich lade Sie ein, mit mir eine Reise durch die Reviere vieler netter Samtpfoten zu unternehmen.

Gleichzeitig klären wir die Fragen, was Katzensitting über-haupt ist, für was dies gut ist und welche Aufwände nötig sind, um eine solche Tätigkeit auszuführen. Ich zeige Ihnen nicht nur die schönen, auch die weniger angenehmen Seiten auf und nehme Sie in verschiedene Haushalte mit.

Weitere Bücher des Verlages:

Titel:
Mal Mich – Skulls

Autor: Molina, Danita

ISBN: 9783743177659

Mal Mich – Skulls – Danita Molina
Malbuch für Erwachsene und Jugendliche.

Thema: Totenköpfe. Auch für Anfänger geeignet, denn es sind nicht nur Bilder mit sehr kleinen Ausmalformen vorhanden.

Ausmalen entspannt, macht den Kopf frei, hilft die eigene Kreativität zu fördern, unterstützt bei depressiven Verstimmungen und wirkt sich positiv auf das Wohlbefinden aus. Eine gute Musik oder ein Hörbuch dazu, ein warmer Kakao und der Tag gehört euch.

Paperback, 56 Seiten

Lust auf Party??

Titel:
Das Partyspielebuch

Autor: Miller, Johanna

ISBN: 9783741289873

Das Partyspielebuch – Johanna Miller

Viele tolle Partyspiele für verschiedene Anlässe, wie zum Beispiel Hochzeitsspiele, Geburtstagsspiele, Familienfest-spiele, Trinkspiele, Babyshower...

Mit Liste der benötigten Sachen für jedes Spiel.

Paperback, 100 Seiten

Herstellung und Verlag:
BoD – Books on Demand, Norderstedt
ISBN 978-3-752-898491